Impressum
Verlag: BABADADA GmbH, Nedderfeld 112 , 22529 Hamburg
Geschäftsführer / Verlagsleitung: Harald Hof
Druck: Books on Demand GmbH, In de Tarpen 42, 22848 Norderstedt

Imprint
Publisher: BABADADA GmbH, Nedderfeld 112 , 22529 Hamburg, Germany
Managing Director / Publishing direction: Harald Hof
Print: Books on Demand GmbH, In de Tarpen 42, 22848 Norderstedt, Germany

школа

בית ספר

класны пакой
כיתה
дзяліць
חילק
186/2
дошка
לוח
настаўнік
מורה
школьны двор
папера
נייר
пісаць
כתב
ручка
עט
пісьмовы стол
שולחן עבודה
лінейка
סרגל
кніга
ספר
вучань
תלמיד

ранец

ילקוט

пенал

קלמר

просты аловак

עיפרון

тачылка для алоўкаў

מחדד

гумка

גומי מחיקה

альбом для малявання

חוברת סרטוט

малюнак

סרטוט

пэндзлік

מברשת

фарбы

קופסת צבעים

нажніцы

מספריים

клей

דבק

сшытак

ספר תרגול

хатняе заданне

שיעור בית

лік

מספר

дадаваць

חיבר

адымаць

חיסר

множыць

הכפיל

лічыць

חישב

літара

אות

алфавіт

אלפבית

слова

מילה

тэкст

טקסט

чытаць

קרא

крэйда

גיר

ўрок

שיעור

класны журнал

יומן נוכחות

экзамен

מבחן

атэстат

תעודה

школьная форма

תלבושת בית ספר

адукацыя

חינוך

энцыклапедыя

אנציקלופדיה

універсітэт

אוניברסיטה

мікраскоп

מיקרוסקופ

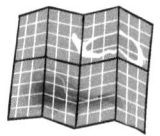

карта

מפה

смеццевы кошык

סל נייר

падарожжа

נסיעה

гатэль
מלון
Grand
хостэл
הוסטל
ROOMS
абменны пункт
המרת מטבע
чамадан
מזוודה
аўтамабіль
אוטו

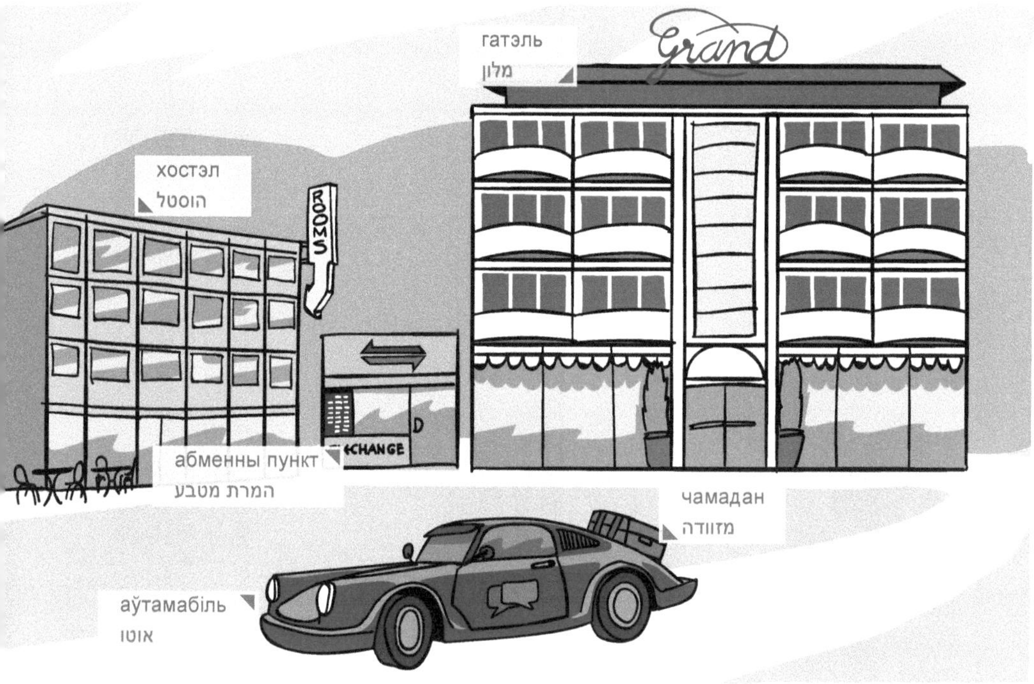

мова

שפה

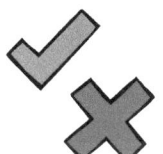

так / не

כן / לא

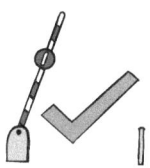

добра

בסדר

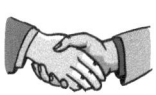

прывітанне!

שלום

перакладчык

מתרגם

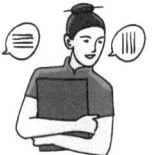

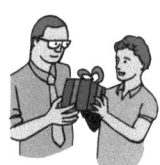

дзякуй

תודה

Колькі каштуе....?

כמה עולה.....?

я не разумею

אני לא מבין

праблема

בעיה

Добры вечар!

ערב טוב!

Добрай раніцы!

בוקר טוב!

Дабранач!

לילה טוב!

да пабачэння

להתראות

кірунак

כיוון

багаж

כבודה

сумка

תיק

заплечнік

תרמיל גב

госць

אורח

пакой

חדר

спальны мяшок

שק שינה

палатка

אוהל

інфармацыя для турыстаў

מרכז מידע לתיירים

пляж

חוף ים

крэдытная картка

כרטיס אשראי

снеданне

ארוחת בוקר

абед

ארוחת צהריים

вячэра

ארוחת ערב

праязны білет

כרטיס

ліфт

מעלית

паштовая марка

בול

мяжа

גבול

мытня

מכס

пасольства

שגרירות

віза

אשרה

пашпарт

דרכון

транспарт

תחבורה

самалёт
מטוס
карабель
אונייה
пажарная машына
כבאית
аўтобус
אוטובוס
грузавік
משאית
маторная лодка
סירת מנוע
ровар
אופניים
аўтамабіль
אוטו

паром

מעבורת

лодка

סירה

матацыкл

אופנוע

паліцэйская машына

ניידת משטרה

гоначны аўтамабіль

מכונית מרוץ

арэндаваны аўтамабіль

רכב שכור

сумеснае карыстанне
аўтамабілем

מכוניות בשיתוף

эвакуатар

אוטו גרר

смеццявоз

משאית זבל

матор

מנוע

паліва

דלק

запраўка

תחנת דלק

дарожны знак

תמרור

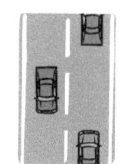

дарожны рух

תנועה

затор

פקק תנועה

паркоўка

חניה

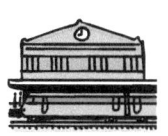

чыгуначная станцыя

תחנת רכבת

рэйкі

פסי רכבת

цягнік

רכבת

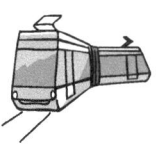

трамвай

רכבת קלה

вагон

קרון

верталёт

מסוק

аэрапорт

שדה-תעופה

вежа

מגדל

пасажыр

נוסע

кантэйнер

קונטיינר

кардонная скрыня

קרטון

тачка

עגלה

карзіна

סל

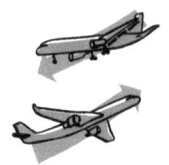

ўзлятаць / прызямляцца

המראה / נחיתה

горад

עיר

вёска

כפר

цэнтр горада

מרכז העיר

дом

בית

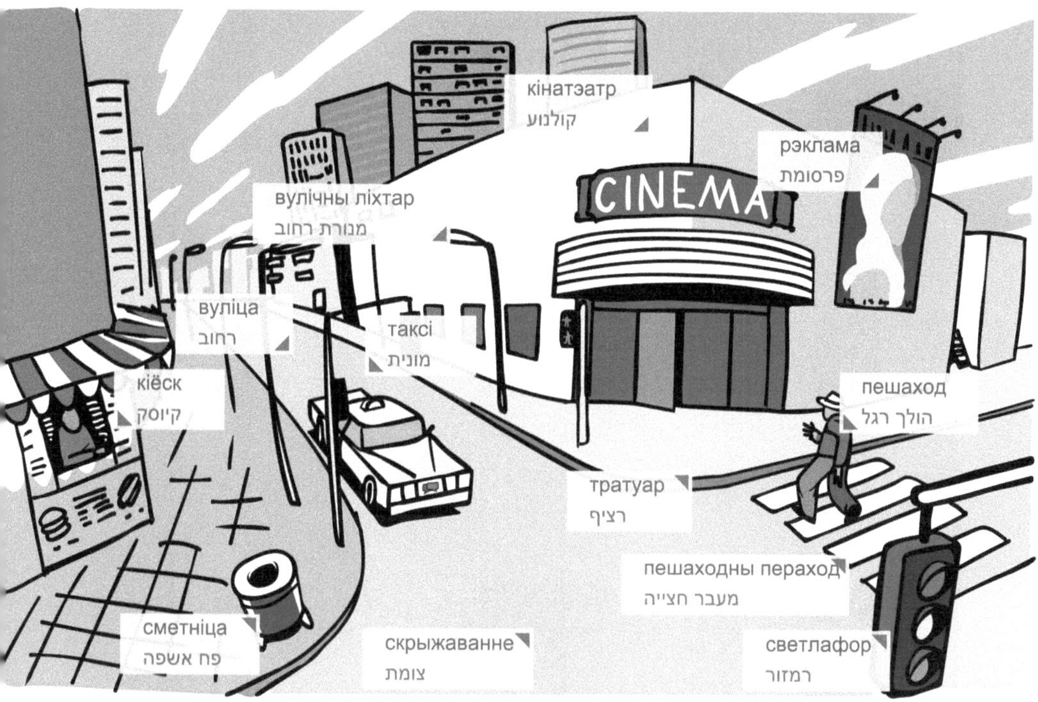

кінатэатр
קולנוע

рэклама
פרסומת

вулічны ліхтар
מנורת רחוב

CINEMA

вуліца
רחוב

таксі
מונית

кіёск
קיוסק

пешаход
הולך רגל

тратуар
רציף

пешаходны пераход
מעבר חצייה

светлафор
רמזור

сметніца
פח אשפה

скрыжаванне
צומת

халупа

בקתה

кватэра

דירה

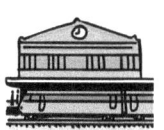

чыгуначная станцыя

תחנת רכבת

ратуша

עירייה

музей

מוזיאון

школа

בית ספר

універсітэт

אוניברסיטה

банк

בנק

шпіталь

בית חולים

гатэль

מלון

аптэка

בית מרקחת

офіс

משרד

кнігарня

חנות ספרים

крама

חנות

кветкавая крама

חנות פרחים

супермаркет

סופרמרקט

кірмаш

שוק

універмаг

כל-בו

рыбная крама

מוכר דגים

гандлевы цэнтр

קניון

порт

נמל

парк

פארק

лава

ספסל

мост

גשר

лесвіца

מדרגות

метро

רכבת תחתית

тунэль

מנהרה

прыпынак

תחנת אוטובוס

бар

בר

рэстаран

מסעדה

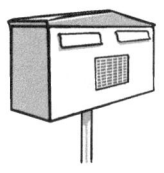

паштовая скрыня

תא דואר

вулічны паказальнік

שלט רחוב

паркамат

מדחן

заапарк

גן חיות

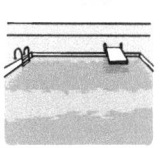

басейн

בריכת שחיה

мячэць

מסגד

сядзіба

חווה

забруджванне
навакольнага асяроддзя

זיהום

могілкі

בית עלמין

царква

כנסייה

пляцоўка для гульні

מגרש משחקים

храм

בית מקדש

краявід

נוף

ліст
עלה

паказальнік
תמרור

дарога
דרך

луг
מרעה

камень
אבן

дрэва
עץ

падарожнік
מטייל

рака
נהר

трава
דשא

кветка
פרח

даліна

בקעה

гара

הר

возера

אגם

лес

יער

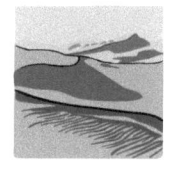
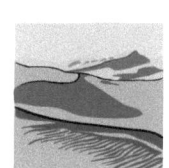

пустыня

מדבר

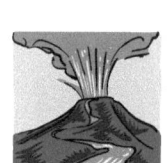
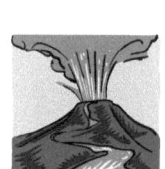

вулкан

הר געש

замак

טירה

вясёлка

קשת בענן

грыб

פטריה

пальма

דקל

камар

יתוש

муха

זבוב

мурашка

נמלה

пчала

דבורה

павук

עכביש

жук

חיפושית

жаба

צפרדע

вавёрка

סנאי

вожык

קיפוד

заяц

ארנב

сава

ינשוף

птушка

ציפור

лебедзь

ברבור

дзік

חזיר בר

алень

צבי

лось

אייל הקורא

плаціна

סכר

вятрак

טורבינת רוח

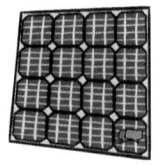

сонечная батарэя

פנל סולארי

клімат

אקלים

рэстаран

מסעדה

афіцыянт
מלצר
меню
תפריט
крэсла
כסא
суп
מרק
піца
פיצה
абрус
מפת שולחן
сталовыя прыборы
סכו"ם

закуска

מנת פתיחה

другая страва

מנה עיקרית

дэсерт

קינוח

напоі

שתיות

ежа

אוכל

бутэлька

בקבוק

хуткае харчаванне (фаст-фуд)

מזון מהיר

стрыт-фуд

אוכל רחוב

імбрык (чайнік)

קנקן תה

цукарніца

מסכרת

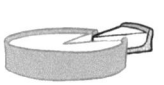

порцыя

מנה

эспрэса-машына

מכונת אספרסו

дзіцячае крэселка

כסא תינוק

рахунак

חשבון

паднос

מגש

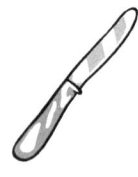

нож

סכין

відэлец

מזלג

лыжка

כף

чайная лыжка

כפית

сурвэтка

מפית

шклянка

כוס

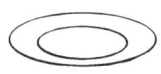

талерка

צלחת

супавая талерка

קערת מרק

сподак

תחתית

соус

רוטב

сальніца

מלחייה

млынок для перцу

מטחנת פלפל

воцат

חומץ

алей

שמן

спецыі

תבלינים

кетчуп

קטשופ

гарчыца

חרדל

маянэз

מיונז

супермаркет

סופרמרקט

акцыя
מבצע
FOR
пакупнік
לקוח
малочныя прадукты
מוצרי חלב
садавіна
פירות
вазок
עגלת קניות

мясная крама

אטליז

хлебны магазін

מאפייה

важыць

שקל

гароднiна

ירקות

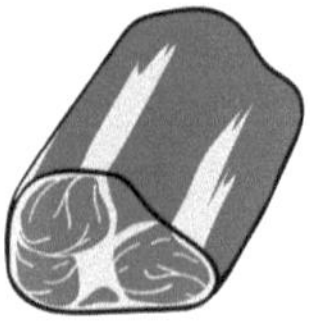

мяса

בשר

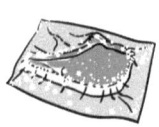

свежазамарожаныя прадукты

מזון קפוא

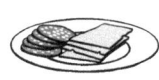

нарэзка
....
בשר קר

кансервы
....
שימורים

пральны парашок
....
אבקת כביסה

прысмакі
....
ממתקים

хатнія прылады
....
מוצרי בית

чысцячы сродак
....
חומר ניקוי

прадавец
....
מוכרת

каса
....
קופה

касір
....
קופאי

спіс пакупак
....
רשימת קניות

гадзіны працы
....
שעות פתיחה

бумажнік
....
ארנק

крэдытная картка
....
כרטיס אשראי

сумка
....
תיק

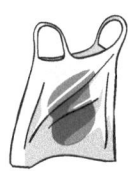

пакет
....
שקית נילון

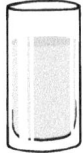

напоі
שתיות

вада

מים

сок

מיץ

малако

חלב

кола

קולה

віно

יין

піва

בירה

алкаголь

אלכוהול

какава

קקאו

гарбата (чай)

תה

кава

קפה

эспрэса

אספרסו

капучына

קפוצ'ינו

банан

בננה

яблык

תפוח

апельсін

תפוז

дыня

אבטיח

лімон

לימון

морква

גזר

часнок

שום

бамбук

במבוק

цыбуля

בצל

грыб

פטריות

арэхі

אגוזים

локшына

אטריות

спагеці

ספגטי

рыс

אורז

салата

סלט

бульба фры

צ'יפס

смажаная бульба

צ'יפס

піца

פיצה

гамбургер

המבורגר

бутэрброд

כריך

шніцаль

שניצל

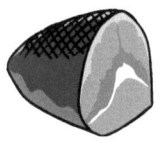

вяндліна

שינקין

салямі

סלאמי

каўбаса

נקניקיה

курыца

עוף

смажаніна

טיגון

рыбак

דג

аўсяныя камякі

שיבולת שועל

мюслі

מוזלי

кукурузныя шматкі

קורנפלקס

мука

קמח

круасан

קרואסון

булачка

לחמנייה

хлеб

לחם

тост

טוסט

пячэнне

עוגיות

масла

חמאה

тварог

גבינה לבנה

пірог

עוגה

яйка

ביצה

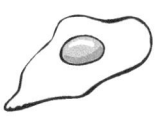

яечня

ביצת עין

сыр

גבינה

марожанае

גלידה

цукар

סוכר

мёд

דבש

варэнне

ריבה

нуга

ממרח נוגט

кары

קארי

сядзіба

חווה

хлеў
цюк саломы
חבילת שחת
поле
שדה
конь
סוס
прычэп
עגלת נגרר
трактар
טרקטור
жарабя
סייח
асёл
חמור
авечка
כבש
ягня
טלה

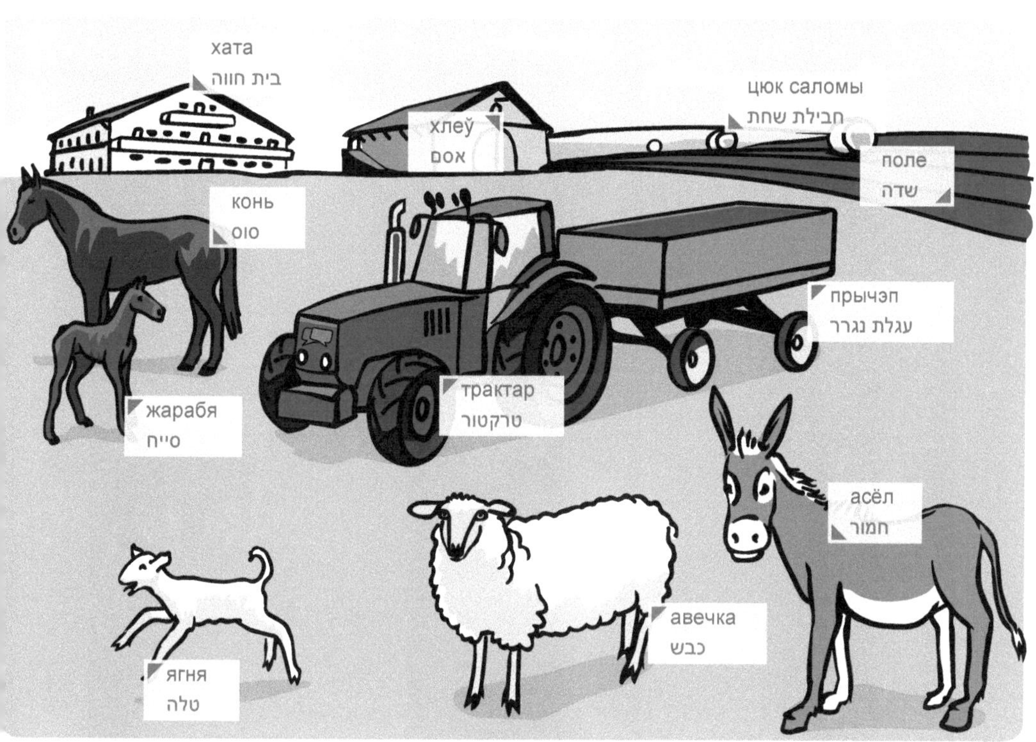

каза
....
עז

карова
....
פרה

цяля
....
עגל

свіння
....
חזיר

парася
....
חזרזיר

бык
....
שור

гусак

אווז

качка

ברווז

кураня

אפרוח

курыца

תרנגולת

певень

תרנגול

пацук

חולדה

кот

חתול

мыш

עכבר

вол

שור

сабака

כלב

сабачая будка

מלונה

садовы шланг

צינור השקיה

палівачка

קנקן מים

каса

חרמש

плуг

מחרשה

серп

מגל

матыка

מגרפה

вілы для гною

קלשון

сякера

גרזן

тачка

מריצה

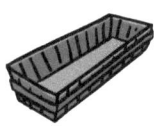

карыта

שוקת

бітон для малака

כד חלב

мех

שק

плот

גדר

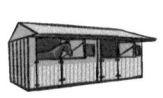

хлеў

אורווה

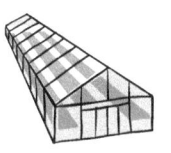

цяпліца

חממה

глеба

אדמה

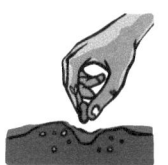

насенне

זרע

угнаенне

דשן

камбайн

מקצרה

збіраць ураджай

קצר

ураджай

קציר

ямс

בטטה אפריקנית

пшаніца

חיטה

соя

סויה

бульба

תפוח אדמה

кукуруза

תירס

рапс

קנולה

садовае дрэва

עץ פירות

маніёк

קסבה

збожжа

דגנים

дом

בית

комін
ארובה
дах
גג
вадасцёк
מרזב
акно
חלון
гараж
מוסך
званок
פעמון
дзверы
דלת
вядро для смецця
פח אשפה
паштовая скрыня
תיבת מכתבים
сад
גינה

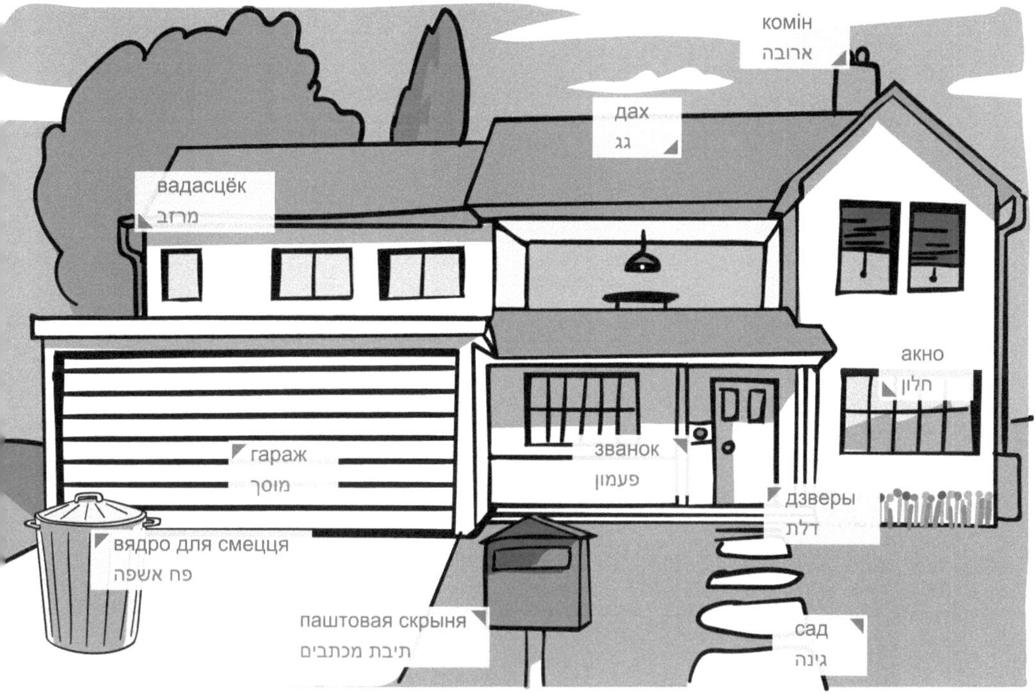

жылы пакой

סלון

ванная

חדר אמבטיה

кухня

מטבח

спальны пакой

חדר שינה

дзіцячы пакой

חדר ילדים

сталоўка

חדר אוכל

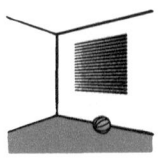

падлога

רצפה

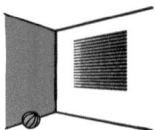

сцяна

קיר

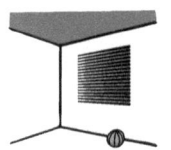

столь

תקרה

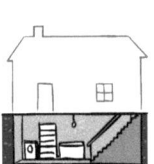

падвал

מרתף

саўна

סאונה

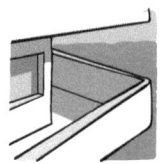

балкон

מרפסת

тэраса

מרפסת

басейн

בריכה

касілка

מכסחת דשא

падкоўдранік

סדין

коўдра

כיסוי מיטה

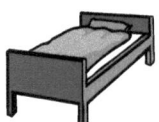

ложак

מיטה

венік

מטאטא

вядро

דלי

выключальнік

מפסק

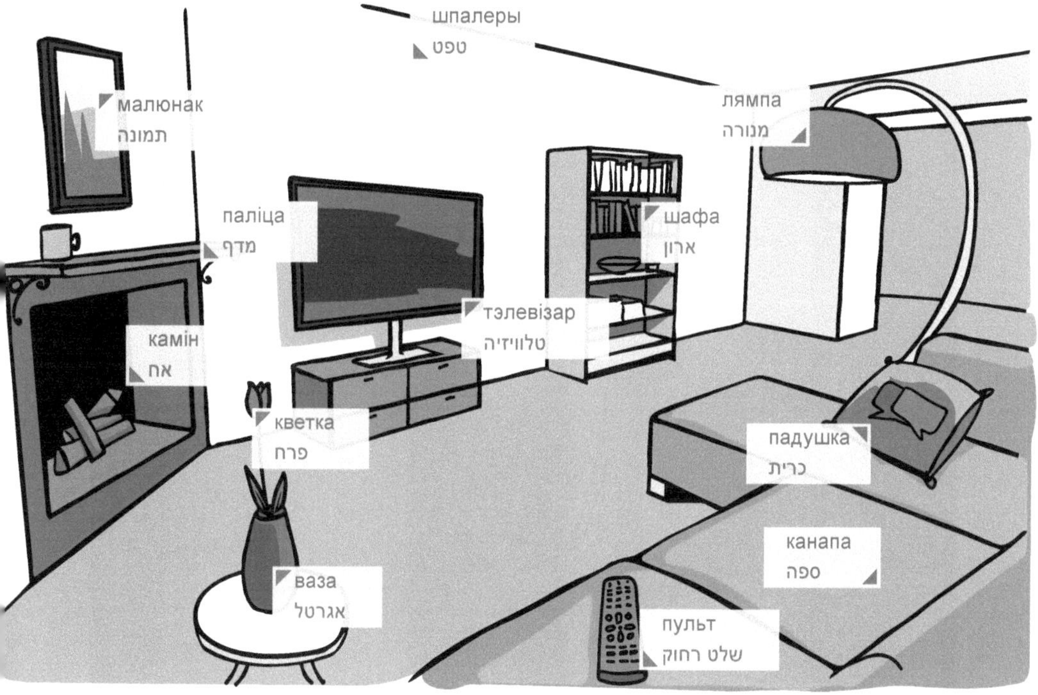

шпалеры
טפט

малюнак
תמונה

лямпа
מנורה

паліца
מדף

шафа
ארון

камін
אח

тэлевізар
טלוויזיה

кветка
פרח

падушка
כרית

ваза
אגרטל

канапа
ספה

пульт
שלט רחוק

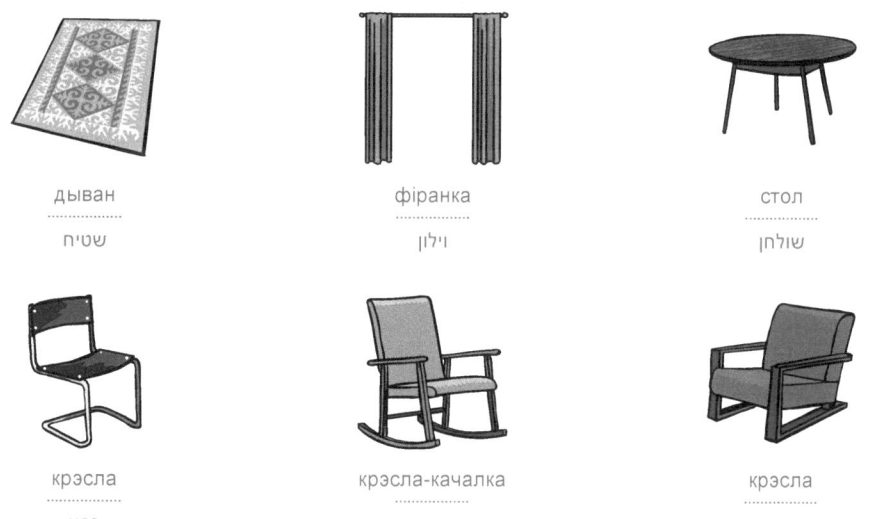

дыван	фіранка	стол
שטיח	וילון	שולחן

крэсла	крэсла-качалка	крэсла
כסא	כיסא נדנדה	כורסה

кніга

ספר

коўдра

שמיכה

дэкарацыя

דקורציה

дровы

עצי הסקה

кіно

סרט

стэрэасістэма

מערכת סטריאו

ключ

מפתח

газета

עיתון

карціна

ציור

постар

פוסטר

радыё

רדיו

нататнік

מחברת

пыласос

שואב אבק

кактус

קקטוס

свечка

נר

кухня
מטבח

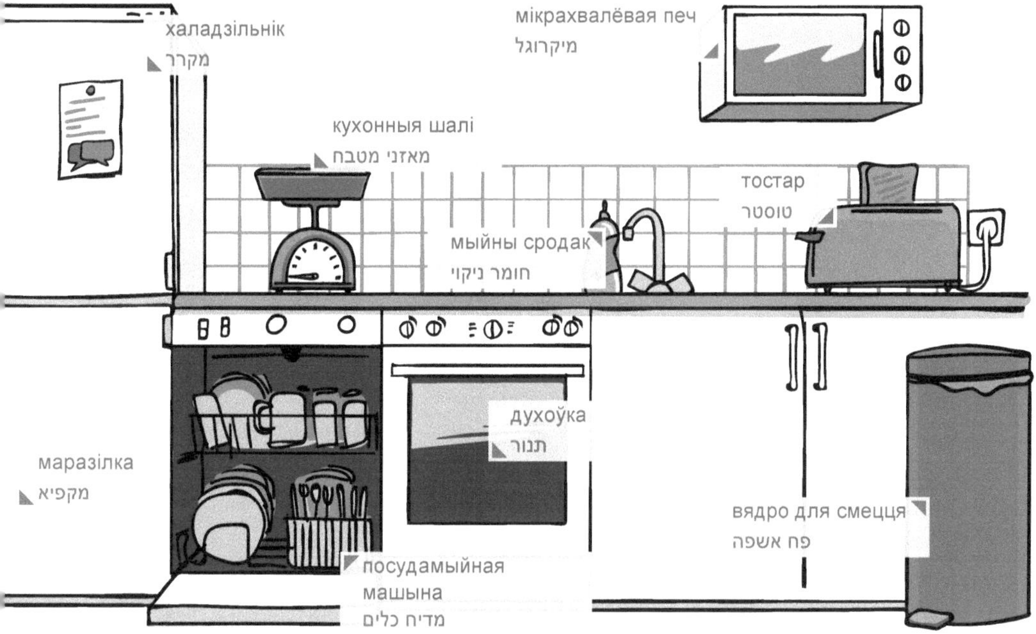

халадзільнік
מקרר
мікрахвалёвая печ
מיקרוגל
кухонныя шалі
מאזני מטבח
тостар
טוסטר
мыйны сродак
חומר ניקוי
духоўка
תנור
маразілка
מקפיא
вядро для смецця
פח אשפה
посудамыйная машына
מדיח כלים

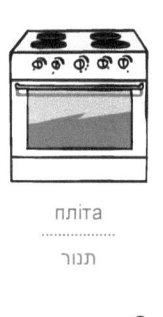

пліта

תנור

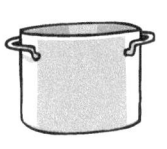

рондаль

סיר

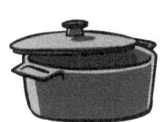

чыгунок

סיר ברזל

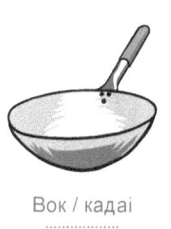

Вок / кадаі

ווק

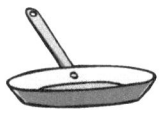

патэльня

מחבת

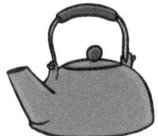

чайнік

קומקום חשמלי

параварка

מאדה

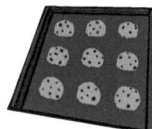

бляха

מגש אפייה

посуд

כלי אוכל

кубак

ספל

міска

קערה

палачкі для ежы

צ'ופסטיקס

чарпак

מצקת

лапатачка

מרית

збівалка

מטרפה

сіта для варэння

מסננת בישול

сіта

מסננת

тарка

מגרדת

ступка

מכתש

грыль

גריל

вогнішча

מדורה

дошка

קרש חיתוך

качалка

מערוך

штопар

פותחן פקקים

бляшанка

פחית

адкрывалка

פותחן קופסאות

прыхваткі

מטלית

ракавіна

כיור

шчотка

מברשת

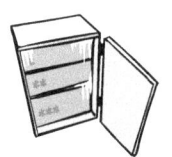

губка

ספוג

міксер

בלנדר

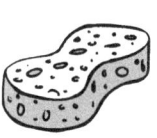

маразільная камера

מקפיא

бутэлечка

בקבוק לתינוק

вадаправодны кран

ברז

ванная

חדר אמבטיה

душ
מקלחת
ручніковы сушыцель
חימום
ручнік
מגבת
штора для душа
וילון מקלחת
пенная ванна
אמבטיית קצף
ванна
אמבטיה
шклянка
כוס
мыйная машына
מכונת כביסה
вадаправодны кран
ברז
плітка
אריחים
начны гаршчок
סיר לילה
ракавіна
כיור

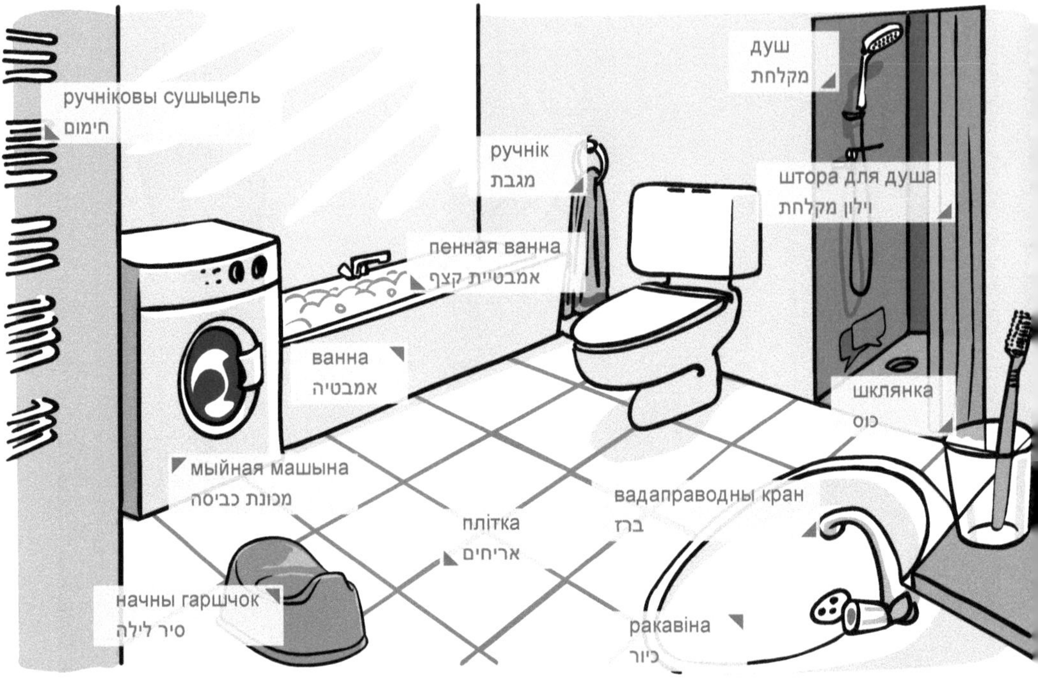

туалет

אסלה

падлогавы ўнітаз

אסלת כריעה

бідэ

בידה

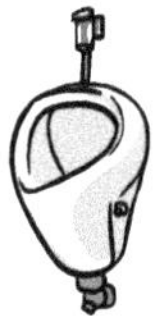

пісуар

משתנה

туалетная папера

נייר טואלט

шчотка для чысткі ўнітаза

מברשת אסלה

зубная шчотка

מברשת שיניים

зубная паста

משחת שיניים

зубная нітка

חוט דנטלי

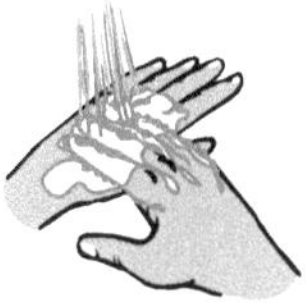

мыць

שטף

ручны душ

מקלחת יד

інтымны душ

צינור שטיפה לשירותים

умывальнік

קערת רחצה

шчотка для спіны

מברשת גב

мыла

סבון

гель для душа

ג'ל רחצה

шампунь

שמפו

вяхотка

ליפה

вадасцёк

ניקוז

крэм

קרם

дэзадарант

דיאודורנט

люстэрка

מראה

касметычнае люстэрка

מראת יד

станок для галення

סכין גילוח

пена для галення

קצף גילוח

ласьён пасля галення

אפטרשייב

грэбень

מסרק

шчотка

מברשת

фен

מייבש שיער

лак для валасоў

ספריי לשיער

касметыка

איפור

памада

שפתון

лак для пазногцяў

לק

вата

צמר גפן

манікюрныя нажніцы

מספריים לציפורניים

духі

בושם

касметычка

תיק כלי רחצה

табурэтка

שרפרף

вагі

משקל

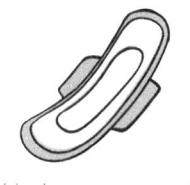

лазневы халат

חלוק רחצה

санітарныя пальчаткі

כפפות גומי

тампон

טמפון

гігіенічныя пракладкі

תחבושת סניטרית

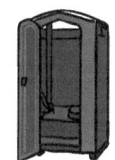

біятуалет

שירותים כימיקליים

дзіцячы пакой

חדר ילדים

будзільнік
שעון מעורר
мяккая цацка
צעצוע חיבוק
цацачная машынка
מכונית צעצוע
бразготка
רעשן
лялечны домік
בית בובות
падарунак
מתנה

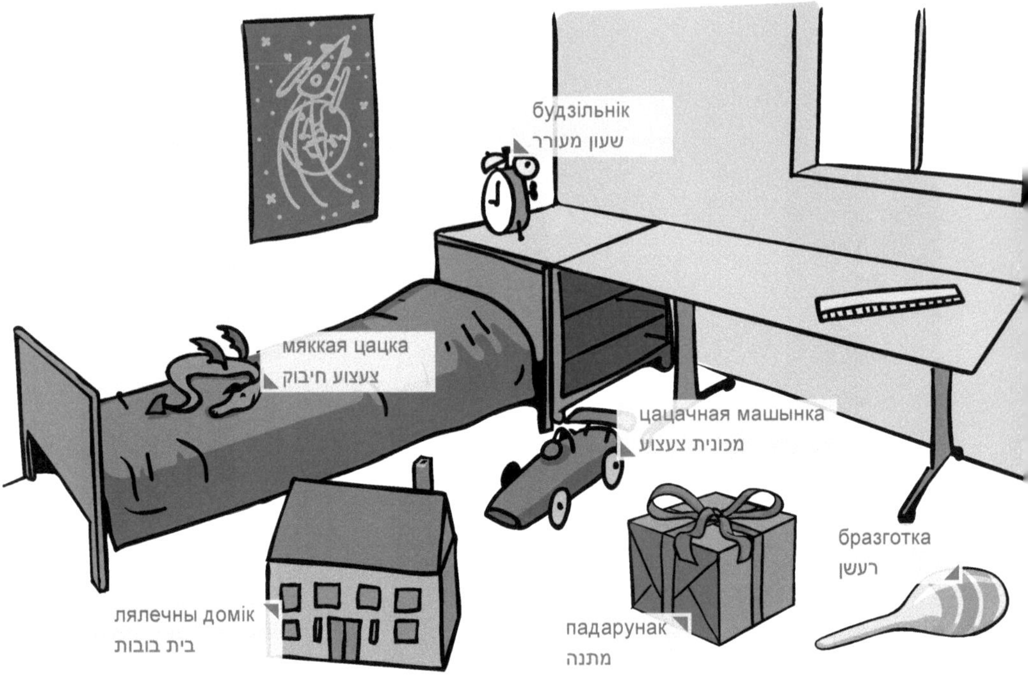

надзіманы шарык

בלון

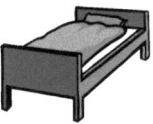

ложак

מיטה

дзіцячая каляска

עגלה

калода картаў

משחק קלפים

пазл

פאזל

комікс

קומיקס

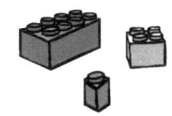

канструктар "Лега"

לגו

канструктар

קוביות משחק

экшэн-фігурка

דמות משחק

дзіцячы гарнітур

סרבל תינוקות

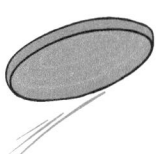

фрызбі

פריזבי

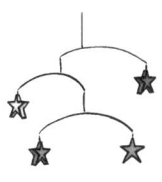

дзіцячы мабіль

נייד

настольная гульня

משחק לוח

кубік

קוביה

дзіцячая чыгунка

רכבת צעצוע

пустышка

מוצץ

дзіцячае свята

מסיבה

кніга з малюнкамі

אלבום תמונות

мячык

כדור

лялька

בובה

гуляцца

שיחק

пясочніца

ארגז חול

арэлі

נדנדה

цацкі

צעצועים

гульнявая відэа прыстаўка

קונסולת משחקים

трохколавы ровар

אופניים תלת גלגלי

плюшавы мішка

דובון

шафа

ארון בגדים

адзенне

בגדים

шкарпэткі

גרביים

панчохі

גרביונים

калготкі

גרביון

шалік
צעיף

рамень
חגורה

парасон
מטריה

цішотка
חולצת טי

красоўкі
נעלי ספורט

боты
מגפיים

пантоплі
נעלי בית

сандалі
סנדלים

абутак
נעליים

гумовыя боты
מגפי גומי

трусы
תחתונים

бюстгальтар
חזייה

майка
וסט

адзенне - בגדים   45

бодзі

גוף

штаны

מכנסיים

джынсы

ג'ינס

спадніца

חצאית

блузка

חולצה מכופתרת

кашуля

חולצה

джэмпер

אפודה

талстоўка

סווצ׳ר עם קפוצ׳ון

блэйзер

בלייזר

куртка

ז'קט

паліто

מעיל

дажджавік

מעיל גשם

касцюм

תלבושת

сукенка

שמלה

вясельная сукенка

שמלת כלה

касцюм

חליפה

начная сарочка

כותונת לילה

піжама

פיג'מה

сары

סארי

хустка

מטפחת ראש

цюрбан

טורבן

паранджа

בורקה

каптан

קאפטן

Абая

עבאיה

купальнік

בגד ים

плаўкі

בגד ים

шорты

מכנסיים קצרים

спартыўны касцюм

בגד אימון

фартух

סינר

пальчаткі

כפפות

гузік

כפתור

акуляры

משקפיים

бранзалет

צמיד יד

каралі

שרשרת

кальцо

טבעת

завушніца

עגיל

кепка

כובע

вешалка

קולב

капялюш

כובע

гальштук

עניבה

маланка

רוכסן

шлем

קסדה

падцяжкі

כתפיות

школьная форма

תלבושת בית ספר

уніформа

מדים

нагруднік

мפית אוכל

пустышка

מוצץ

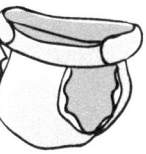

падгузнік

חיתול

офіс

משרד

сервер
שרת
канцылярская шафа
תיקייה
прынтэр
מדפסת
папера
נייר
манітор
מסך
мыш
עכבר
пісьмовы стол
שולחן עבודה
тэчка
תיק
клавіятура
מקלדת
смеццевы кошык
סל נייר
кампутар
מחשב
крэсла
כסא

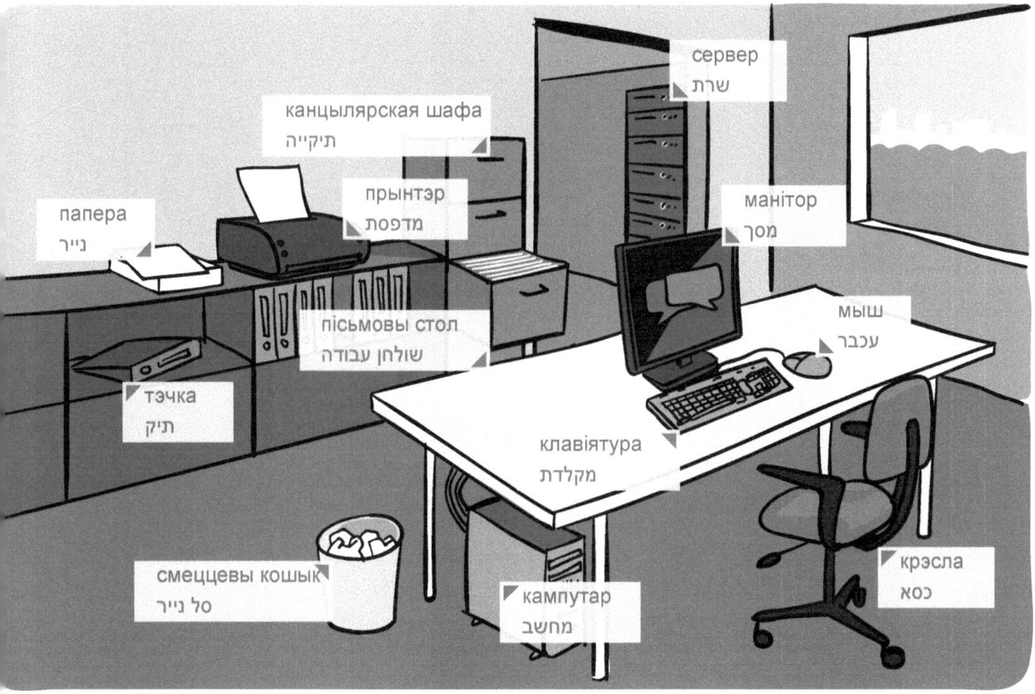

кубак для кавы (філіжанка)

ספל קפה

калькулятар

מחשבון

інтэрнэт

אינטרנט

ноўтбук

מחשב נייד

ліст

מכתב

паведамленне

הודעה

мабільны тэлефон

נייד

сетка

רשת

ксеракс

מכונת צילום

праграмнае забеспячэнне

תוכנה

тэлефон

טלפון

разетка

שקע

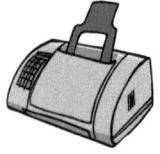

факс

פקס

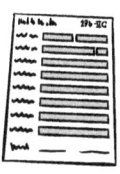

фармуляр

טופס

дакумент

מסמך

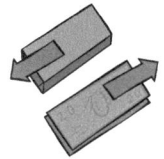

купляць

קנה

плаціць

שילם

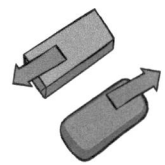

гандляваць

סחר

грошы

כסף

долар

דולר

еўра

יורו

ена

ין

рубель

רובל

франк

פרנק שווייצרי

кітайскі юань

יואן רנמינבי

рупія

רופי

банкамат

כספומט

абменны пункт

המרת מטבע

золата

זהב

срэбра

כסף

нафта

נפט

энергія

אנרגיה

цана

מחיר

кантракт

חוזה

падатак

מס

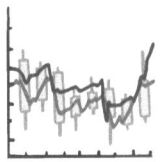

акцыя

מנייה

працаваць

עבד

служачы

עובד

працадаўца

מעסיק

фабрыка

מפעל

крама

חנות

паліцыянт
שוטר

пажарны
כבאי

пілот
טייס

доктар
רופא

кухар
טבח

садоўнік
גנן

слесар
נגר

швачка
תופרת

суддзя
שופט

хімік
כימאי

артыст
שחקן

кіроўца аўтобуса

נהג אוטובוס

таксіст

נהג מונית

рыбак

דייג

прыбіральшчыца

עובדת נקיון

страхар

מתקן גגות

афіцыянт

מלצר

паляўнічы

צייד

мастак

צייר

пекар

אופה

электрык

חשמלאי

будаўнік

עובד בניין

інжынер

מהנדס

мяснік

קצב

сантэхнік

אינסטלטור

паштальён

דוור

салдат

חייל

архітэктар

אדריכל

касір

קופאי

фларыст

מוכר פרחים

цырульнік

ספר

кандуктар

כרטיסן

механік

מכונאי

капітан

קברניט

стаматолаг

רופא שיניים

вучоны

מדען

рабін

רב

імам

אימאם

манах

נזיר

святар

כומר

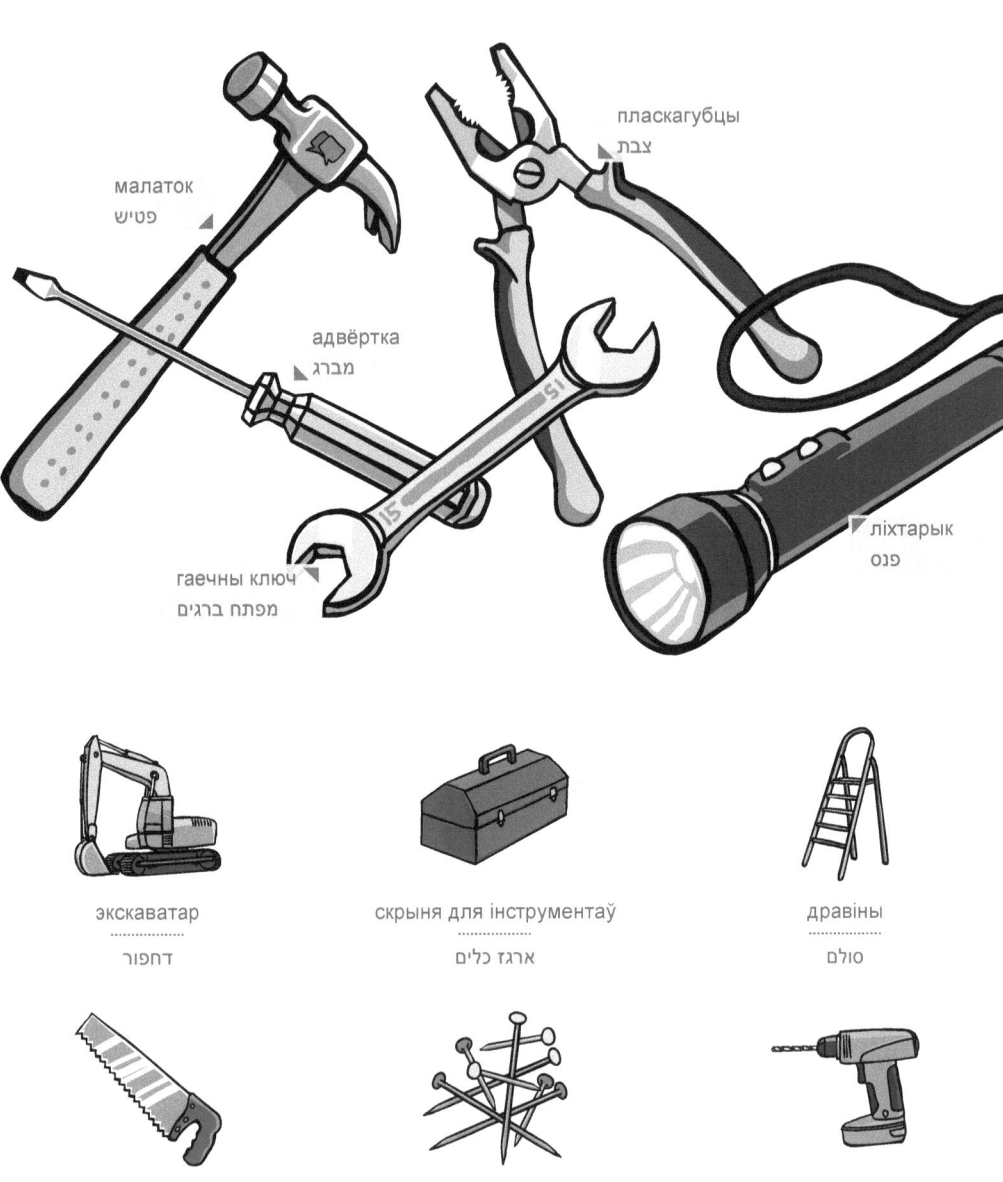

інструменты

כלי עבודה

малаток
פטיש
пласкагубцы
צבת
адвёртка
מברג
гаечны ключ
מפתח ברגים
ліхтарык
פנס

экскаватар

דחפור

скрыня для інструментаў

ארגז כלים

дравіны

סולם

піла

מסור

цвікі

מסמרים

дрыль

מקדחה

рамантаваць

תיקן

рыдлеўка

את חפירה

Халера!

לעזאזל!

шуфлік для смецця

יעה

вядро з фарбаю

פח צבע

балты

ברגים

музычныя інструменты

כלי נגינה

удАрны інструмент

מערכת תופים

калонкі

רמקול

гітара

גיטרה

кантрабас

קונטראבס

труба

חצוצרה

піяніна

פסנתר

скрыпка

כינור

басгітара

בס

літаўры

תוף הדוד

барабан

תופים

клавішны электрамузычны
інструмент

מקלדת פסנתר

саксафон

סקסופון

флейта

חליל

мікрафон

מיקרופון

заапарк

גן חיות

уваход
כניסה
тыгр
נמר
клетка
כלוב
зебра
זברה
корм для жывёл
מזון לחיות
панда
פנדה

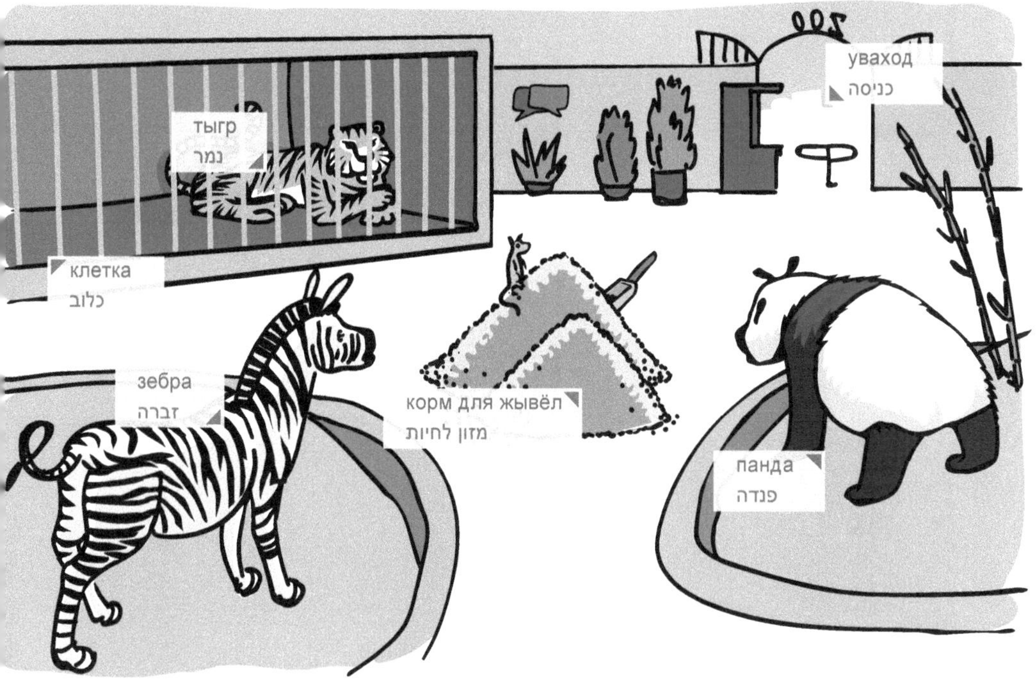

жывёлы
בעלי חיים

слон
פיל

кенгуру
קנגרו

насарог
קרנף

гарыла
גורילה

мядзведзь
דוב

вярблюд

גמל

стравус

יען

леў

אריה

малпа

קוף

фламінга

פלמינגו

папугай

תוכי

белы мядзведзь

דוב הקרח

пінгвін

פינגווין

акула

כריש

паўлін

טווס

змяя

נחש

кракадзіл

תנין

наглядчык заапарка

שומר גן החיות

цюлень

כלב ים

ягуар

יגואר

поні

סוס פוני

леапард

לאופרד

бегемот

היפופוטאם

жыраф

ג'ירפה

арол

נשר

дзік

חזיר בר

рыбак

דג

чарапаха

צב

морж

סוס ים

ліса

שועל

газель

איילה

спорт

ספורט

амерыканскі футбол
פוטבול אמריקאי
веласпорт
רכיבת אופניים
тэніс
טניס
баскетбол
כדורסל
плаванне
שחיה
бокс
אגרוף
хакей з шайбай
הוקי

футбол

כדורגל

бадмінтон

בדמינטון

лёгкая атлетыка

אתלטיקה

гандбол

כדור-יד

горныя лыжы

עשה סקי

пола

פולו

смяяцца
צחק

скакаць
קפץ

абдымаць
חיבק

ісці
הלך

спяваць
שר

марыць
חלם

маліцца
התפלל

цалаваць
נשק

пісаць
כתב

маляваць
צייר

паказваць
הראה

націснуць
דחף

даваць
נתן

браць
לקח

маць

יש / להיות הבעלים

выконваць

עשה

быць

היה

стаяць

עמד

бегчы

רץ

цягнуць

משך

кідаць

זרק

падаць

נפל

ляжаць

שכב

чакаць

חיכה

насіць

סחב

сядзець

ישב

апранацца

התלבש

спаць

ישן

прачынацца

התעורר

глядзець

הסתכל ב-

плакаць

בכה

лашчыць

ליטף

прычэсвацца

סירק

гаварыць

דיבר

разумець

הבין

пытаць

שאל

чуць

שמע

піць

שתה

есці

אכל

прыбіраць

סידר

кахаць

אהב

гатаваць

בישל

ехаць

נהג

лятаць

עף

плаваць пад ветразем

שט

лічыць

חישב

чытаць

קרא

вучыць

למד

працаваць

עבד

уступаць у шлюб

התחתן

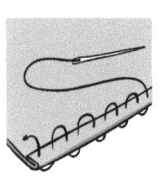

шыць

תפר

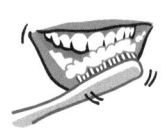

чысціць зубы

ציחצח שיניים

забіваць

הרג

курыць

עישן

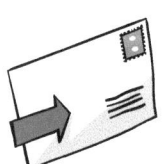

пасылаць

שלח

сям'я

משפחה

бабуля
סבתא
дзядуля
סבא
бацька
אבא
маці
אימא
дзіця
תינוק
дачка
בת
сын
בן

госць
....
אורח

цётка
....
דודה

дзядзька
....
דוד

брат
....
אח

сястра
....
אחות

цела

גוף

лоб
מצח
вока
עין
плячо
כתף
палец
אצבע
твар
פנים
падбародак
סנטר
рука
כף יד
нага
רגל
грудзі
חזה
рука
זרוע

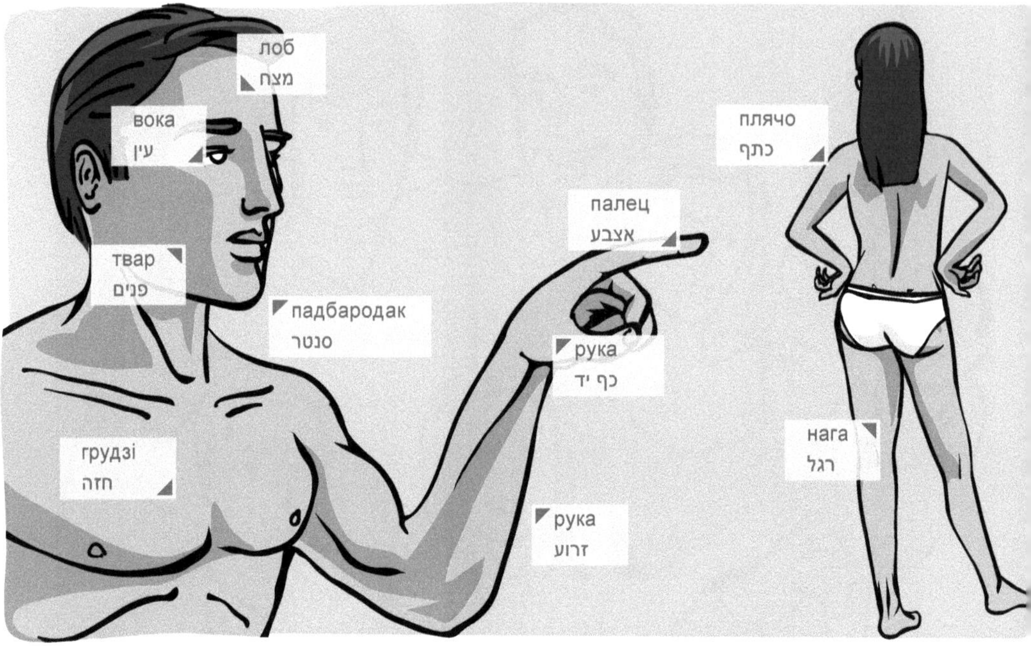

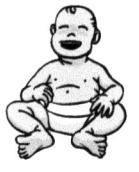

дзіця
תינוק

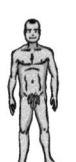

мужчына
איש

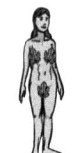

жанчына
אישה

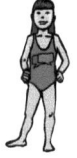

дзяўчынка
ילדה

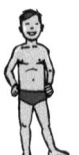

хлопчык
ילד

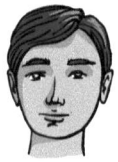

галава
ראש

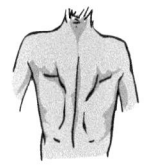

спіна

גב

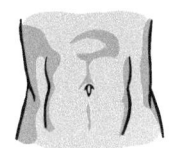

жывот

בטן

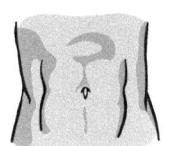

пуп

טבור

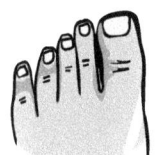

палец нагі

אצבע

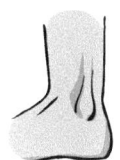

пятка

עקב

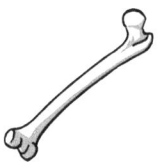

костка

עצם

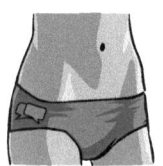

бядро

ירך

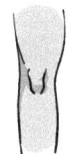

калена

ברך

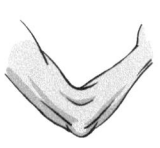

локаць

מרפק

нос

אף

ягадзіца

עכוז

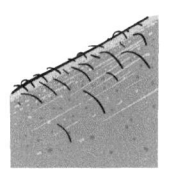

скура

עור

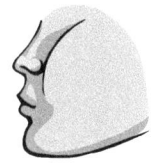

шчака

לחי

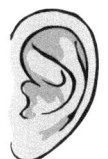

вуха

אוזן

губа

שפתיים

цела - גוף

рот

פה

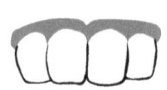

зуб

שן

язык

לשון

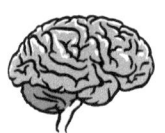

галаўны мозг

מוח

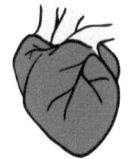

сэрца

לב

мышца

שריר

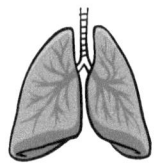

лёгкае

ריאה

пячонка

כבד

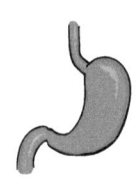

страўнік

קיבה

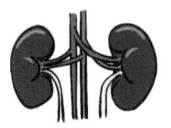

ныркі

כליות

сэкс

מין

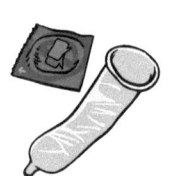

прэзерватыў

קונדום

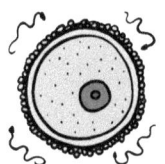

яйцаклетка

ביצית

сперма

זרע

цяжарнасць

הריון

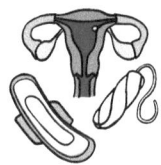

менструацыя

ווסת

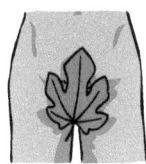

похва

נרתיק

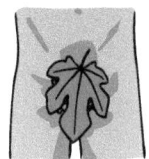

пеніс

פין

брыво

גבה

валасы

שיער

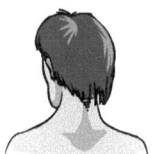

шыя

צוואר

шпіталь

בית חולים

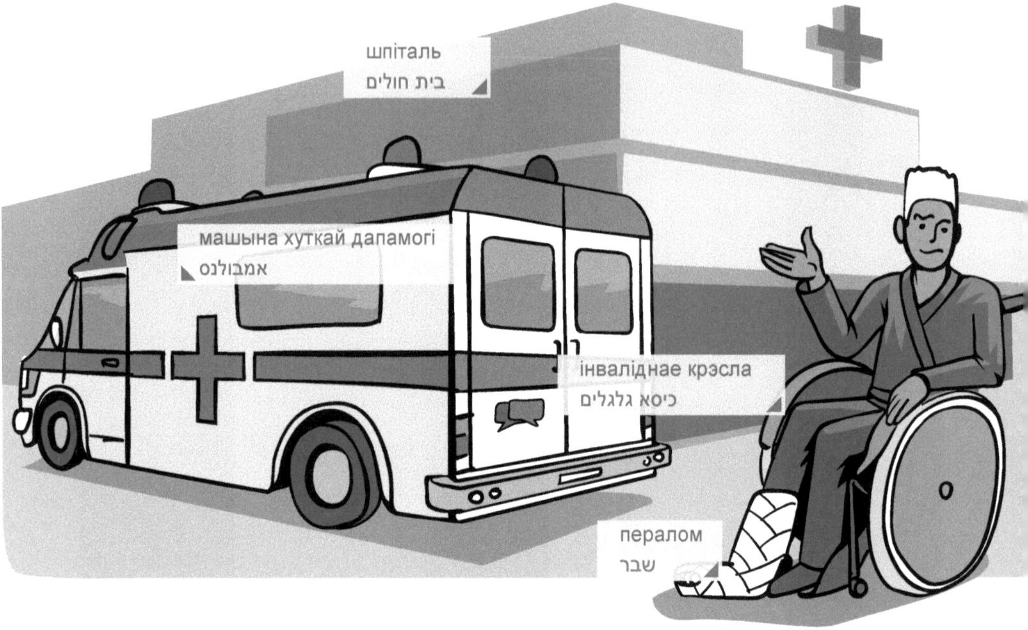

шпіталь
בית חולים
машына хуткай дапамогі
אמבולנס
інваліднае крэсла
כיסא גלגלים
пералом
שבר

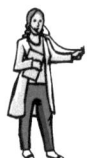

доктар

רופא

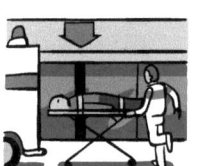

аддзяленне першай дапамогі

חדר מיון

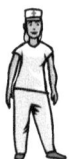

медсястра

אחות

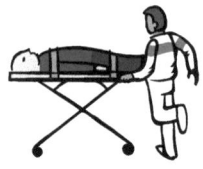

экстраная дапамога

חירום

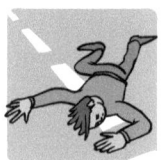

непрытомны

חסר הכרה

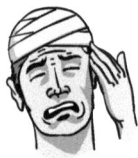

боль

כאב

траўма

פציעה

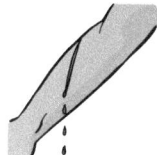

крывацёк

דימום

інфаркт

התקף לב

апаплексія

שבץ

алергія

אלרגיה

кашаль

שיעול

гарачка

חום

грып

שפעת

панос

שלשול

галаўны боль

כאב ראש

рак

סרטן

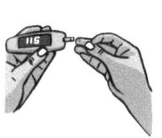

дыябет

סוכרת

хірург

מנתח

скальпель

אזמל

аперацыя

ניתוח

КТ

סי-טי

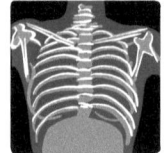

рэнтген

רנטגן

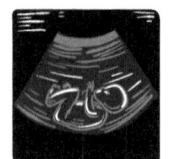

ультрагук

אולטרסאונד

маска

מסיכת פנים

хвароба

מחלה

пачакальня

חדר המתנה

мыліца

קבה

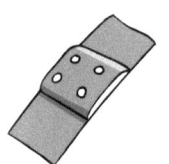

пластыр

פלסטר

бінт

תחבושת

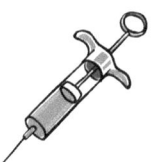

ін'екцыя

זריקה

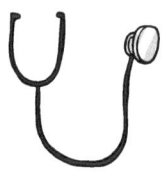

стэтаскоп

סטטוסקופ

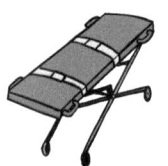

насілкі

אלונקה

градуснік

מד חום

нараджэнне

לידה

лішняя вага

עודף משקל

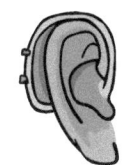

слухавы апарат

מכשיר שמיעה

дэзінфекцыйны сродак

מחטא

інфекцыя

זיהום

вірус

נגיף

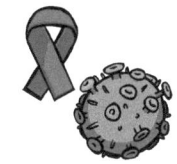

ВІЧ/СНІД

איידס

лекі

תרופה

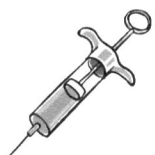

прышчэпка

חיסון

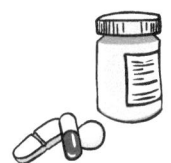

таблеткі

טבליות

супрацьзачаткавая таблетка

גלולה

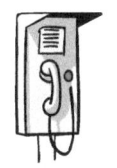

экстраны выклік

קריאת חירום

танометр

מד לחץ דם

хворы / здаровы

חולה / בריא

экстраная дапамога

חירום

Ратуйце!

הצילו!

сігналізацыя

אזעקה

напад

פשיטה

атака

תקיפה

небяспека

סכנה

аварыйны выхад

יציאת חירום

Пажар!

אש!

вогнетушыцель

מטף כיבוי

аварыя

תאונה

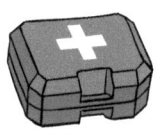

аптэчка

ערכת עזרה ראשונה

СОС

הצילו!

паліцыя

משטרה

Зямля

כדור הארץ

Еўропа

אירופה

Паўночная Амерыка

צפון אמריקה

Паўднёвая Амерыка

דרום אמריקה

Афрыка

אפריקה

Азія

אסיה

Аўстралія

אוסטרליה

Атлантычны акіян

האוקיינוס האטלנטי

Ціхі акіян

האוקיינוס השקט

Індыйскі акіян

האוקיינוס ההודי

Паўднёвы ледавіты акіян

האוקיינוס האנטרקטי

Паўночны ледавіты акіян

האוקיינוס הארקטי

Паўночны полюс

הקוטב הצפוני

Паўднёвы полюс

הקוטב הדרומי

Антарктыда

אנטארקטיקה

Зямля

כדור הארץ

краіна

אדמה

мора

ים

востраў

אי

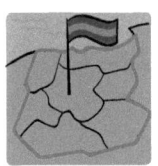

нацыя

לאום

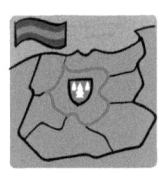

дзяржава

מדינה

гадзіннік

שעון

цыферблат

פני השעון

гадзінная стрэлка

מחוג השעות

хвілінная стрэлка

מחוג הדקות

секундная стрэлка

מחוג השניות

Колькі часу?

?מה השעה

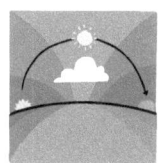

дзень

יום

час

זמן

зараз

עכשיו

электронны гадзіннік

שעון דיגיטלי

хвіліна

דקה

гадзіна

שעה

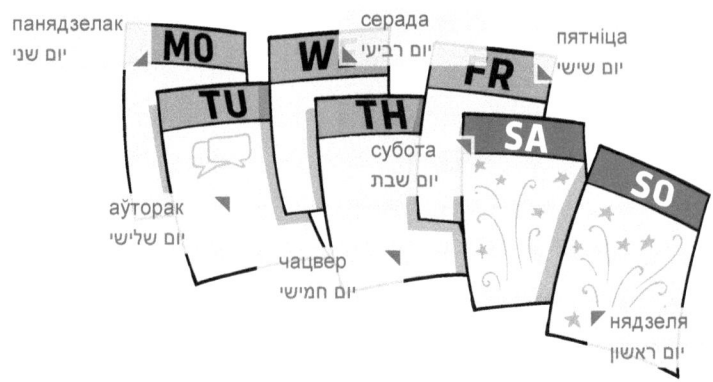

тыдзень

שבוע

MO
TU
W
TH
FR
SA

панядзелак
יום שני

аўторак
יום שלישי

серада
יום רביעי

чацвер
יום חמישי

пятніца
יום שישי

субота
יום שבת

нядзеля
יום ראשון

1

ўчора
אתמול

2

сёння
היום

3

заўтра
מחר

раніца
בוקר

абед
צהריים

вечар
ערב

MO TU WE TH FR SA SU
1 2 3 4 5 6 7
8 9 10 11 12 13 14
15 16 17 18 19 20 21
22 23 24 25 26 27 28
29 30 31 1 2 3 4

працоўныя дні
ימי עבודה

MO TU WE TH FR SA SU
1 2 3 4 5 6 7
8 9 10 11 12 13 14
15 16 17 18 19 20 21
22 23 24 25 26 27 28
29 30 31 1 2 3 4

выхадныя
סוף שבוע

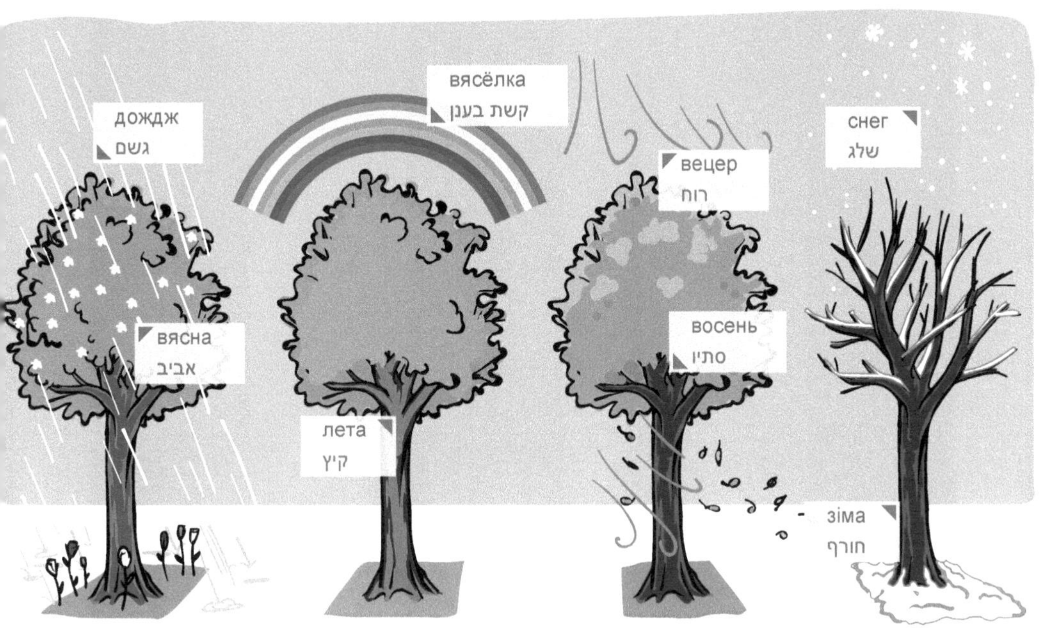

дождж
גשם

вясёлка
קשת בענן

снег
שלג

вецер
רוח

вясна
אביב

восень
סתיו

лета
קיץ

зіма
חורף

прагноз надвор'я

תחזית מזג האוויר

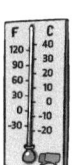

градуснік

מד חום

сонечнае святло

אור שמש

воблака

ענן

туман

ערפל

вільготнасць паветра

לחות

маланка

ברק

гром

רעם

бура

סערה

град

ברד

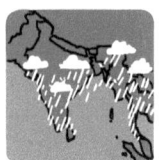

мусонны вецер

רוח עונתי

прыліў

שיטפון

лёд

קרח

студзень

ינואר

люты

פברואר

сакавік

מרץ

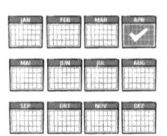

красавік

אפריל

май

מאי

чэрвень

יוני

ліпень

יולי

жнівень

אוגוסט

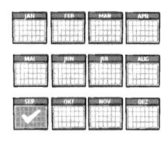

верасень

ספטמבר

кастрычнік

אוקטובר

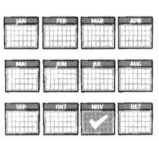

лістапад

נובמבר

снежань

דצמבר

формы

צורות

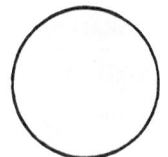

круг

עיגול

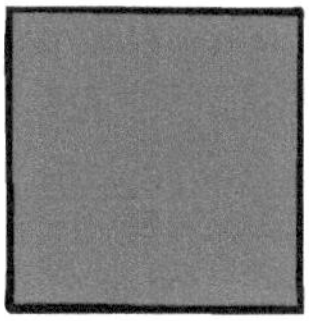

квадрат

מרובע

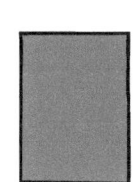

прамавугольнік

מלבן

трохвугольнік

משולש

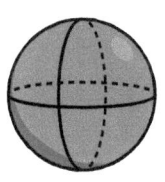

шар

כדור

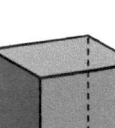

куб

קובייה

колеры

צבעים

белы

לבן

жоўты

צהוב

аранжавы

כתום

ружовы

ורוד

чырвоны

אדום

фіялетавы

סגול

сіні

כחול

зялёны

ירוק

карычневы

חום

шэры

אפור

чорны

שחור

шмат / мала

הרבה / מעט

злы / добры

כועס / רגוע

прыгожы / брыдкі

יפה / מכוער

пачатак / канец

התחלה / סוף

высокі / малы

גדול / קטן

светлы / цёмны

בהיר / כהה

сястра / брат

אח / אחות

чысты / брудны

נקי / מלוכלך

поўны / няпоўны

שלם / חלקי

дзень / ноч

יום /לילה

мёртвы / жывы

מת / חי

шырокі / вузкі

רחב / צר

ядомы / неядомы

אכיל / לא אכיל

злы / добры

רשע / טוב לב

узбуджаны / нудны

מתרגש / משועמם

тоўсты / тонкі

שמן / רזה

першы / апошні

ראשון / אחרון

сябар / вораг

חבר / אויב

поўны / пусты

מלא / ריק

цвёрды / мяккі

קשה / רך

важкі / лёгкі

כבד / קל

голад / смага

רעב / צמא

хворы / здаровы

חולה / בריא

нелегальны / легальны

בלתי-חוקי / חוקי

разумны / дурны

נבון / טיפש

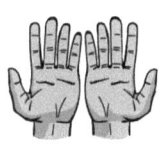

левы / правы

שמאל / ימין

побач / далёка

קרוב / רחוק

новы / былы ва ўжыванні

חדש / משומש

нічога / нешта

כלום / משהו

стары / малады

זקן / צעיר

укл / выкл

פעיל / כבוי

адчынены / зачынены

פתוח / סגור

ціхі / гучны

שקט / רועש

багаты / бедны

עשיר / עני

правільна / няправільна

נכון / שגוי

шурпаты / гладкі

מחוספס / חלק

сумны / шчаслівы

עצוב / שמח

кароткі / доўгі

קצר / ארוך

павольны / хуткі

איטי / מהיר

вільготны / сухі

רטוב / יבש

цёплы / халаднаваты

חם / קר

вайна / мір

מלחמה / שלום

лічбы

מספרים

0

нуль

אפס

1

адзін

אחת

2

два

שתיים

3

тры

שלוש

4

чатыры

ארבע

5

пяць

חמש

6

шэсць

שש

7

сем

שבע

8

восем

שמונה

9

дзевяць

תשע

10

дзесяць

עשר

11

адзінаццаць

אחת-עשרה

12
дванаццаць
....
שתים-עשרה

13
трынаццаць
....
שלוש-עשרה

14
чатырнаццаць
....
ארבע-עשרה

15
пятнаццаць
....
חמש-עשרה

16
шаснаццаць
....
שש-עשרה

17
сямнаццаць
....
שבע-עשרה

18
васямнаццаць
....
שמונה-עשרה

19
дзевятнаццаць
....
תשע-עשרה

20
дваццаць
....
עשרים

100
сто
....
מאה

1.000
тысяча
....
אלף

1.000.000
мільён
....
מיליון

мовы

שפות

англійская

אנגלית

англійская (Амерыка)

אנגלית אמריקאית

кітайская мандарынская

סינית מנדרינית

хіндзі

הודית

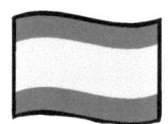

іспанская

ספרדית

французская

צרפתית

арабская

ערבית

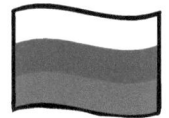

руская

רוסית

партугальская

פורטוגזית

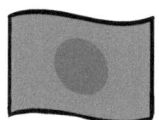

бенгальская

בנגלית

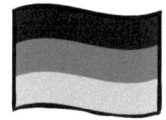

нямецкая

גרמנית

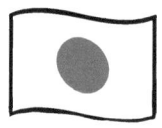

японская

יפנית

хто / што / як

מי / מה / איך

я

אני

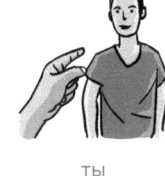

ты

אתה / את

ён / яна / яно

הוא / היא / זה

мы

אנחנו

вы

אתם

яны

הם

хто?

מי?

што?

מה?

як?

איך?

дзе?

איפה?

калі?

מתי?

імя

שם

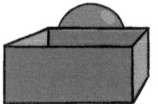

дзе
איפה

за
מאחור

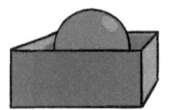

у
בתוך

перад
לפני

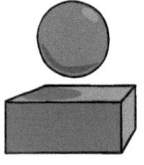

над
מעל

на
על

пад
מתחת

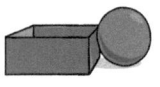

каля
ליד

паміж
בין

месца
מקום